フルートプレイヤーのための新しいソロ楽譜
めちゃモテ・フルート

愛の讃歌 Hymne à l'amour

作曲：Margueritte Monnot

編曲：尾形 誠、田中和音　Arr. by Makoto Ogata, Kazune Tanaka

演奏時間：3分20秒

◆曲目解説◆

　フランスのシャンソン歌手、エディット・ピアフの代表作。日本では越路吹雪、美輪明宏など多くの歌手によって歌われています。原題は『イム・ア・ラムール（Hymne à l'amour）』です。世界中で愛され続け、これからも末永く後世に語り継がれるであろう楽曲をしっとりと、ソロで聴かせてみませんか。

パート譜は切り離してお使いください。

Solo Flute and Piano

愛の讃歌
Hymne à l'amour

Margueritte Monnot　Arr. by Makoto Ogata, Kazune Tanaka

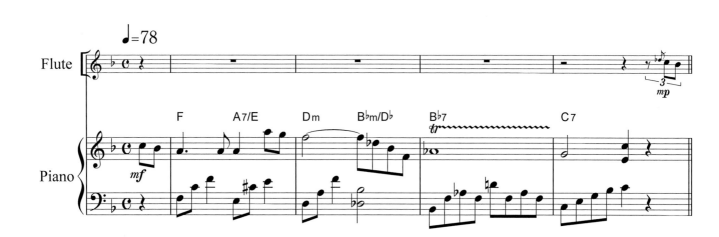

パート譜は切り離してお使いください。

愛の讃歌
Hymne à l'amour

Margueritte Monnot Arr. by Makoto Ogata, Kazune Tanaka

Flute

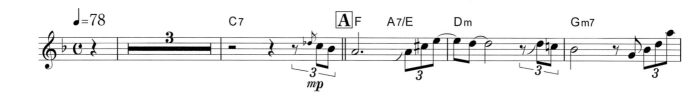

◆編曲者・演奏者プロフィール◆

尾形 誠（フルート奏者）

　1989年生まれ、宮城県仙台市出身。常盤木学園高校音楽科を経て東京藝術大学を卒業。
　大学在学中にフルートアンサンブル「FEAMS」を結成。各地で演奏会をする他、編曲を独学で学びフルートアンサンブルの曲を手がける。
　第3回jfosフルートアンサンブルコンクール最優秀賞、ジュニア管打楽器ソロコンテスト第1位他、多数受賞。
　これまでに千釜康乃氏、山元康生氏、神田寛明氏、中野富雄氏、竹澤栄祐氏、仙台ジュニアオーケストラで芦澤暁男氏、ジャズを坂上領氏の各氏に師事。

田中和音（作曲・ピアニスト）

　1987年8月30日大阪生まれ。
　幼少の頃よりクラシックピアノをはじめ、10歳でジャズピアノに転向。野球、ソフトボールと遊びに没頭した高校時代を経て、大阪芸術大学へ入学。関西を代表するジャズピアニスト、近秀樹氏に師事する。
　2010年、ピアニストとして参加している「あきは・みさき・BAND」が、横浜ジャズプロムナード、金沢ジャズストリートのコンペティションにおいて、グランプリをダブル受賞。

ご注文について

ウィンズスコアの商品は全国の楽器店、ならびに書店にてお求めになれますが、店頭でのご購入が困難な場合、当社WEBサイト・電話からのご注文で、直接ご購入が可能です。

◎当社WEBサイトでのご注文方法

winds-score.com

上記のURLへアクセスし、オンラインショップにてご注文ください。

◎お電話でのご注文方法

TEL.0120-713-771

営業時間内に電話いただければ、電話にてご注文を承ります。

※この出版物の全部または一部を権利者に無断で複製(コピー)することは、著作権の侵害にあたり、著作権法により罰せられます。

※造本には十分注意しておりますが、万一、落丁・乱丁などの不良品がありましたらお取り替えいたします。また、ご意見・ご感想もホームページより受け付けておりますので、お気軽にお問い合わせください。